AF404050

HYACINTHE RIGAUD

PAR

L'AUTEUR DES NEIGES D'ANTAN

PARIS

IMPRIMERIE DE CH. NOBLET

13, RUE CUJAS, 13

—

1877

HYACINTHE RIGAUD

HYACINTHE RIGAUD

PAR

L'AUTEUR DES NEIGES D'ANTAN

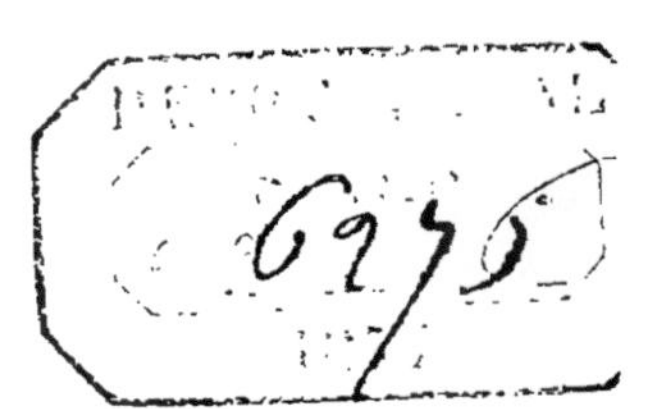

PARIS

TYPOGRAPHIE DE CH. NOBLET

13, RUE CUJAS, 13

1877

A MADAME Z. SOULACROIX.

Chère Dame et Amie, c'est à vous qu'il me plaît de dédier la réjouissante histoire d'Hyacinthe Rigaud. J'ai au moins trois bonnes raisons pour cela : la première, c'est que vous êtes mère d'un artiste de talent qui a peint votre portrait avec le même amour que Rigaud fit celui de sa mère ; — la seconde, c'est que j'ai vu les scènes que je raconte, en causant avec vous dans votre belle chambre aux boiseries ajourées, — et la troisième, qui n'est pas la moins bonne, c'est que, ne sachant faire que des contes, il me faut bien m'en servir pour exprimer les plus grandes vérités, au rang desquelles je vous prie de compter la très-cordiale et respectueuse affection que vous a vouée

Votre servante,

Julie O. L.

Paris, juin 1877.

HYACINTHE RIGAUD

I

UN PEINTRE EN 1696.

Midi sonnait à l'horloge de l'abbaye de Saint-Germain des Prés. Hyacinthe Rigaud finissait sa séance du matin, et un honnête bourgeois, dont il terminait le portrait, était déjà parti, rappelé chez lui par l'heure du dîner, lorsque l'unique valet du peintre vint lui annoncer qu'un roulier était en bas, apportant une caisse venue de Perpignan. Rigaud fit une exclamation de joie.

— Enfin! s'écria-t-il en se hâtant de poser sa palette; enfin!

— Faut-il monter la caisse, monsieur? demanda le domestique.

— Non pas! cela ferait de la poussière sur ma peinture. Nous déballerons dans la cour. Vite, donne-moi un marteau et un ciseau.

— Mais, monsieur, dit Flamand, votre dîner est prêt.

— Qu'est-ce que cela me fait? Allons, vite un marteau.

Flamand, qui cumulait les fonctions de cuisinier et de valet de chambre, eut beau assurer son maître que le dîner ne vaudrait rien s'il attendait, Rigaud, sans prendre le temps de remettre son habit, descendit en courant ses trois étages, vêtu d'une légère camisole, sans perruque et la tête couverte d'un fichu roulé, et, après avoir fait poser avec précaution, au milieu de la cour, la caisse qui avait mis un mois à venir de la capitale du Roussillon à Paris, il paya le messager, et, sans attendre que Flamand se décidât à quitter ses fourneaux, commença prestement à déclouer la caisse.

Les voisines se mirent aux fenêtres.

— Que peut-il y avoir là dedans? demanda à sa tante mademoiselle Babet Ladvisé, jeune personne aux yeux noirs, que Rigaud saluait quelquefois dans l'escalier.

— C'est un tableau, pour sûr, dit d'un air capable mademoiselle Babonnette Brunet, vieille rentière aux lunettes bleues qui, depuis le premier de l'an jusqu'à la Saint-Sylvestre, n'était occupée qu'à espionner les voisins et à faire endêver sa nièce.

— C'est un tableau, cela vient de Perpignan, où M. Rigaud a passé les fêtes de Noël. Ce doit être le portrait de sa prétendue : nous verrons si elle est jolie.

Et, oubliant leur dîner posé sur la table, la tante et la nièce, de même que leur servante Michon, grosse Auvergnate, haute en couleur, se penchèrent aux fenêtres, l'une entre deux torchons étendus, les autres par-dessus les tiges grêles et les feuilles étiolées des capucines plantées devant la croisée. A l'étage au-dessus, une légion d'enfants s'était aussi mise en observa-

tion, mais la grosse voix d'un papa se fit
entendre, et proclama que les curieux qui se
levaient de table seraient privés de dessert.
En un clin d'œil les fenêtres furent déser-
tées, et la maman, pour plus de sûreté, les
ferma en jetant un petit coup d'œil sur le
peintre.

Le portier et sa femme, après avoir offert
à Rigaud de l'aider, sur son refus, se mirent à table, en laissant ouverte la porte
devant laquelle il devait nécessairement
passer pòur remonter chez lui.

Rigaud eut bientôt fait, et, enlevant les
papiers d'emballage qui protégeaient une
toile soigneusement enveloppée, il ne put
s'empêcher de s'écrier à demi-voix : « Qu'elle
est belle ! » et une larme s'échappa de ses
yeux, tandis qu'il déclouait le dernier tas-
seau qui fixait au fond de la caisse le portrait de sa mère. C'était elle, en effet; il
l'avait peinte à Perpignan, quatre mois
auparavant, et avait prié son vieil oncle,
le peintre, de lui envoyer le tableau dès

qu'il serait convenablement séché et verni.

En apercevant le portrait, les voisines s'é-
crièrent : « Qu'elle est vieille ! » l'une avec
dépit, l'autre avec étonnement, et la grosse
Michon en conclut qu'il fallait dîner.

Rigaud s'apprêtait à monter la toile chez
lui, lorsqu'un grand laquais d'une figure
niaise et un élégant gentilhomme entrèrent
dans la cour presqu'en même temps.

— Est-ce vous qui êtes le peintre ? demanda le laquais à Rigaud.

— Oui, mon ami, dit Rigaud. Que dési-
rez-vous ?

— Madame a besoin de vous pour un
travail pressé, dit le laquais. Voilà son
adresse. Quand viendrez-vous ?

— Aussitôt que j'aurai dîné, fit Rigaud.
Je vois que c'est près d'ici.

— C'est à cinq minutes, dit le laquais,
rue de Vaugirard, la maison neuve en face
de la chapelle du palais du Luxembourg.

— Madame de Faverny peut compter sur
moi. Qu'y a-t-il pour votre service, mon-

sieur? ajouta Rigaud en se tournant vers le gentilhomme qui examinait curieusement le portrait.

— Est-ce ici que demeure M. Rigaud, peintre? dit le gentilhomme sans ôter son chapeau.

— C'est ici même, monsieur.

— A quel étage?

— Au troisième, reprit Rigaud. Je vais vous montrer le chemin.

Ils montèrent, et, arrivés dans l'atelier, Rigaud offrit un fauteuil au gentilhomme et s'assit en face de lui. Le visiteur le regardait d'un air surpris.

— Je désire parler à M. Rigaud, dit-il.

— C'est moi, monsieur.

— En vérité! s'écria le gentilhomme. Eh bien, monsieur, je vous avais pris pour un emballeur. Mille pardons!

— Je ne suis pas un grand seigneur, monsieur, dit Rigaud; mais le serais-je, peut-être bien n'en aurais-je pas moins pris la peine de déballer moi-même le portrait que voici.

— C'est, en effet, une magnifique peinture, reprit le gentilhomme. On dirait un Van Dyck. Quelle est cette dame?

— C'est ma mère, dit Rigaud, et je suis bien honoré de voir mon œuvre attribuée à Van Dyck, monsieur.

— Elle le sera par bien d'autres, soyez-en certain, dit le gentilhomme; mais il ne faut pas que j'oublie de remplir ma mission. Voici ce dont il s'agit : S. A. R. Madame, ayant entendu parler avantageusement de vous par M. Le Brun, peintre du roi, vous veut confier l'exécution d'une peinture destinée à orner un des cabinets du roi, à Marly. Elle désire vous en parler elle-même, vous montrer l'emplacement, et, à cet effet, si vous le voulez bien, je viendrai demain matin à huit heures vous chercher en carrosse pour aller à Marly. Est-ce convenu?

Rigaud le remercia, le reconduisit dans l'escalier avec de grandes révérences de part et d'autre, et rentra tout joyeux dans son atelier.

— Monsieur ne dînera donc pas aujourd'hui? lui demanda Flamand d'un air mélancolique.

— Si fait, mon garçon, dit Rigaud, et de bon appétit encore. Sers-moi vite, et aussitôt que tu l'auras fait, cours me chercher le perruquier. Il faut que je fasse toilette pour aller chez madame de Faverny.

En un quart d'heure le modeste dîner du peintre fut expédié, et le perruquier entrant, ses fers à la main, se mit en devoir d'accommoder la perruque et de faire la barbe à son client.

Rigaud avait alors vingt-neuf ans ; il était grand, bien fait, et sa figure, sans être fort belle, plaisait par son expression vive et spirituelle. Grâce aux soins d'Alcindor Pirouette il fut bientôt coiffé à la dernière mode, et se revêtit d'un habit de velours mordoré à galons d'argent. Flamand, en lui présentant sa canne et ses gants, s'écria :

— En vérité, monsieur, si madame de

Faverny a des yeux, vous êtes assuré qu'elle vous verra avec plaisir.

— M. Rigaud va chez madame de Faverny? dit Alcindor. Oh! alors, monsieur, il faut que je poudre votre perruque.

— Pourquoi cela? demanda Rigaud.

— Il le faut absolument, monsieur, je vous assure. Madame de Faverny et son mari aiment la poudre, et ont été des premiers à l'adopter. Toutes les personnes qui vont chez eux se font poudrer pour leur plaire. Croyez-moi, monsieur, laissez-moi vous mettre un peu de poudre parfumée.

— Quelle folie! dit Rigaud; c'est une sotte mode, malpropre, et qui donne l'air vieux.

— Point du tout, monsieur, cela rajeunit et adoucit tous les visages. Allons, monsieur, laissez-vous poudrer, vous serez charmant!

Et lui jetant un peignoir sur les épaules, Alcindor lança sur sa perruque un nuage de poudre qui la blanchit tout d'un côté. Sa

perruque une fois blanchie à dextre, il fal-
lut la blanchir à senestre, et pour faire prendre patience au peintre, Alcindor se mit à
lui dire mille biens de madame de Faverny.

— C'est la plus jolie personne de la pa-
roisse Saint-Sulpice, monsieur, point co-
quette avec cela, sage, modeste et pieuse
comme un ange. Elle a un vieux mari gout-
teux, fort honnête homme, mais qui n'est
pas toujours commode. M. de Faverny
aime le monde et reçoit beaucoup, mais la
jeune dame se conduit si discrètement que
jamais personne n'a pu jaser sur elle. Et
elle est jolie, ah! jolie! une blonde aux
yeux noirs, avec des cheveux aussi grands
qu'elle, et fins, brillants, ondulés comme la
mer. Si vous avez le bonheur de faire son
portrait, cela vous rendra célèbre, monsieur. J'ai eu quelquefois l'honneur de la
coiffer. Elle aime la poudre, monsieur, elle
en met beaucoup, et s'habille comme une
mère-grand, toute jeune qu'elle est. Madame de Maintenon l'estime fort et lui fait

des présents. C'est elle qui l'a fait élever à
Saint-Cyr et l'a mariée. M. de Faverny
l'a épousée pour ses beaux cheveux, pour
ses beaux yeux, veux-je dire. Elle préfère
la poudre d'iris, monsieur, c'est pour cela
que je vous en mets.

— Assez, assez! s'écria Rigaud en s'é-
chappant de ses mains ; vous allez me rendre semblable à un meunier.

— Ah! monsieur, de grâce, encore un
petit coup de houppe sur l'oreille droite !

— Assez, assez, vous dis-je ! cria Rigaud
en lui jetant son peignoir, et, prenant son
chapeau, il s'enfuit, poursuivi jusque dans
l'escalier par l'agile Alcindor.

— Puisqu'il vous reste de la poudre, monsieur Pirouette, lui dit Flamand, mettez-
moi-z-en quelque peu, je vous prie.

— Bien volontiers, dit Alcindor; le
valet, endossant le peignoir, se mit à la
place du maître, et, tandis que le perruquier lui accommodait la toison rousse et
crépue qu'il appelait ses cheveux, Flamand,

2

selon l'invariable coutume des valets, se
mit à parler des affaires de son patron.

— C'est un habile peintre, dit-il, et il
aura bientôt plus d'ouvrage qu'il n'en pourra
faire, tant ses portraits de M. Girardon et
du joaillier du roi sont admirés par les gens
qui s'y connaissent. C'est un travailleur,
qui n'est content que le pinceau à la main,
et oublierait de boire et de manger si je
n'étais là. Personne n'est plus régulier que
lui à suivre les lois de l'Eglise ; mais, pour
ce qui est du ménage, il a de bien drôles de
manies. Figurez-vous qu'il me défend d'é-
pousseter ses tableaux et même de balayer
son atelier ! Il prend ce soin lui-même, après
avoir couvert ses peintures. Du reste, c'est un
bon maître, généreux, pas fier ; je ne l'ai
vu en colère qu'une fois ; mais, par exemple, il l'était bien.

— Contre qui s'est-il fâché ? demanda le
perruquier.

— Contre moi, dit Flamand, et je suis
encore à me demander pourquoi. Imagi-

nez-vous qu'il a dans son atelier une grande poupée qu'il appelle son mannequin. Il l'avait habillée en manière de revenant avec la courte-pointe en camelot bleu de son lit, et il avait dessiné ça sur une toile, au crayon rouge. Moi, croyant que c'était fini, un beau matin, je reprends la courte-pointe pour accommoder le lit de monsieur. En rentrant de la messe, il voit cela, et le voilà qui crie, qui frappe du pied, qui fait un sabbat d'enfer. Vite, je cours chercher la courte-pointe, je la remets sur le mannequin exactement comme elle était, et il se fâche de plus belle et me traite de grosse bête. Puis, voyant mon air étonné, il éclate de rire. Ah! c'est un drôle d'homme !

Alcindor n'essaya pas de démontrer à Flamand que son maître avait eu bien raison, et, jetant sur la tête carrée du valet le fond de la boîte à poudre, il reçut son salaire et retourna dans sa boutique, à l'enseigne du *Cœur volant*.

Pendant ce temps Rigaud s'acheminait vers la rue de Vaugirard, en prenant grand soin de ne pas salir ses bas de soie écrue et ses souliers à nœuds incarnats. Il passa devant l'église de Saint-Sulpice, à demi construite, et dont les travaux étaient interrompus depuis 1678, faute d'argent, longea les murs de ce jardin charmant où madame de La Fayette, alors presque mourante, avait réuni tant de fois madame de Sévigné, M. de la Rochefoucauld, madame Scarron, et tracé les pages de l'*Histoire d'Henriette d'Angleterre* et le roman de la *Princesse de Clèves*, et, arrivant en face des murs du Luxembourg, tourna à gauche et vit la belle maison neuve que le laquais lui avait désignée.

Il demanda au portier madame de Faverny.

— C'est au second étage, monsieur, lui fut-il répondu, mais madame ne reçoit pas. Elle va partir pour Versailles.

Un carrosse tout attelé attendait dans la cour.

Le laquais qui était allé chercher Rigaud
descendait l'escalier, heureusement. Il le
reconnut, et l'engagea à monter. Puis, à
peine entré dans l'antichambre, cet ingénu
valet, s'approchant d'une porte entre-bâil-
lée, s'écria :

— Mamselle Dorine, voilà le peintre que
madame a fait demander pour mettre sa
chambre en couleur.

Une voix fort douce répondit :

— C'est bien, faites entrer ce brave
homme !

Rigaud fut pris d'une forte envie de rire,
mais il se contint, et, voulant s'amuser de
la méprise, il entra de bonne grâce, salua
et se tint debout près du seuil, en regardant
l'agréable spectacle qui s'offrit à sa vue.
Assise sur une chaise basse, et entièrement
enveloppée d'un peignoir blanc comme la
neige, une jeune dame, la figure cachée
par un grand cornet de papier qu'elle tenait
en main, se faisait poudrer par sa femme
de chambre. On ne voyait d'elle que deux

belles mains et une magnifique chevelure arrangée avec art. Dorine, attentive à sa besogne, ne daigna pas regarder le nouvel arrivé, et, du fond de son cornet, la jeune dame lui dit :

— Voici ce dont il s'agit, mon ami. Je vais passer quelques jours à Versailles, et il faudrait profiter de mon absence pour travailler ici. Combien vous faut-il de temps pour peindre cette chambre?

— Si les sujets ne sont pas trop compliqués, madame, dit Rigaud, dix-huit mois à deux ans pourraient suffire, à la rigueur.

— Deux ans! s'écria la jeune dame qui, d'étonnement, laissa tomber son cornet.

En apercevant l'élégant personnage qui était devant elle, madame de Faverny devint rouge comme le feu, se leva toute droite, et s'écria :

— Hé! monsieur, pardon! je vous prenais pour le peintre!

— Madame, dit Rigaud en s'inclinant, je

suis peintre, en effet, tout à vos ordres :
votre laquais m'est venu chercher de votre
part, et je me suis empressé de me rendre
chez vous. Je suis Hyacinthe Rigaud, peintre d'histoire.

— Monsieur, reprit la jeune dame, as-
seyez-vous, de grâce. Permettez-moi d'aller
chercher mon mari.

Elle s'enfuit, toute confuse, suivie par
Dorine, et, cinq minutes après, reparut ac-
compagnée d'un homme âgé, qui marchait
avec peine, en s'appuyant sur une canne.
C'était M. de Faverny, ancien colonel du
régiment de Royal-Blésois. Il se confondit
en excuses sur la maladresse du laquais de
sa femme, et, charmé des manières cour-
toises et de la bonne humeur de Rigaud, il
se hâta d'ajouter aux premiers compliments
que le nom de M. Rigaud ne lui était pas
inconnu, et que le beau portrait du joaillier Matéron l'avait charmé.

—J'ai conservé un si bon souvenir de cette
peinture, monsieur, dit-il, que je projetais

de vous prier de faire mon portrait et celui de madame de Faverny. Si l'insigne bêtise de ce niais de Larose ne vous a pas donné trop mauvaise opinion de ses maîtres, j'espère que vous voudrez bien nous peindre. Je désirerais placer nos portraits dans ces deux trumeaux ovales que voici, et je les voudrais peints au pastel, afin qu'ils .s'accordent avec ceux de mes parents, qui furent exécutés par Vouet, du temps où il donnait des leçons de peinture au roi Louis XIII.

Rigaud assura M. de Faverny qu'il serait très-heureux de faire ce travail, et, après avoir pris jour pour la première séance, le peintre et ses nouveaux clients se séparèrent, fort satisfaits les uns des autres.

II

MARLY-LE-ROI.

Le lendemain, selon sa coutume, Rigaud alla entendre la première messe à

Saint-Germain des Prés, et, en revenant chez lui, s'apprêta pour aller à Marly. A huit heures précises un carrosse à la livrée du duc d'Orléans s'arrêta devant sa porte, et il se hâtait de descendre, lorsque M. de Marnes, le gentilhomme de la veille, lui fit dire par un laquais qu'il ferait bien d'emporter avec lui le portrait de sa mère, afin de le faire voir à Madame. Le portrait n'avait pas de cadre, et Rigaud était contrarié de le montrer ainsi ; mais, n'osant refuser, il l'enveloppa dans cette courte-pointe de camelot bleu que Flamand disait bonne à mettre à toute sauce, et, descendant le tableau avec précaution, il le posa sur la banquette de devant du carrosse.

— A Marly ! dit M. de Marnes au cocher, et le carrosse partit grand train, tandis que les voisines guettaient Flamand au passage pour savoir de lui ce que son maître allait faire à Marly.

Flamand jura ses grands dieux qu'il n'en savait absolument rien, et cela lui valut la réputation d'être un garçon aussi discret qu'il était borné.

Bientôt le carrosse, gagnant les quais, franchit le Pont-Royal, suivit le Cours la Reine, traversa le bois de Boulogne, beaucoup plus grand alors qu'à présent, passa le pont de Sèvres, et se dirigea vers Marly à travers les bois charmants de Ville-d'Avray et de Vaucresson. Le temps était fort beau, et la fraîcheur d'un premier jour de mai rendit le voyage d'autant plus agréable à Rigaud que son compagnon eut l'esprit de s'endormir. Dormait-il tout de bon? Je n'en sais rien. Peut-être ne fit-il semblant de s'assoupir que pour échapper aux questions du peintre, fort désireux de savoir ce que lui voulait la duchesse d'Orléans. Toujours est-il qu'il laissa Rigaud jouir tout à son aise du plaisir de regarder le paysage et d'écouter les oiseaux chanteurs, et ne s'éveilla que pour dire en arrivant à la grille dorée du parc de Marly :

— Nous voici rendus à Marly, monsieur.
Je vais vous montrer le chemin.

Ils descendirent de voiture, et Rigaud, sa
toile à la main, suivit son conducteur le
long des allées de sable rose, bordées d'oran-
gers. Bientôt ils arrivèrent au bas de la
grande pelouse, au point où la vue embras-
sait l'ensemble du pavillon central, rési-
dence du roi, et que l'on appelait le pavillon du Soleil, et des douze pavillons du
zodiaque, à demi voilés par les charmilles.

Les arbres taillés à mi-hauteur seulement,
et dont les cimes s'épanouissaient en liberté,
couronnaient d'un diadème de verdure les
jardins de Marly. Les jets d'eau s'irisaient
aux rayons du soleil, tout était embaumé
de jonquilles, de narcisses et de jacinthes;
d'immenses rangées de tulipes de Hollande,
aux nuances éclatantes, bordaient les pe-
louses, et château, bosquets et fleurs se
doublaient dans le miroir des bassins où
passaient, comme des esquifs animés, les
cygnes aux mouvements lents et gracieux,

et de ci, de là, poursuivant les libellules, quelque martin-pêcheur au plumage azuré.

Dix heures venaient de sonner. Le roi était au conseil Les dames dormaient ou s'occupaient de leur toilette, et quelques courtisans. errant par petits groupes sous les charmilles, causaient des mille riens dont se composait en temps de paix leur vie oisive et dissipée.

— Madame est-elle revenue de la promenade? demanda M. de Marnes à un page qu'il rencontra.

— Son Altesse ne saurait tarder, dit le page, car **elle est** partie dès sept heures du matin, au grand déplaisir de ses dames qui s'étaient couchées à plus de minuit : Madame les a emmenées à pied du côté de Louveciennes. Et, tenez, la voilà qui vient!

Un groupe de quelques personnes parut en effet au bout de l'allée, précédé par une femme à l'allure masculine, tenant une canne à la main, et portant au lieu de fontange un chapeau de feutre gris. En apercevant de loin Rigaud et M. de Marnes, elle congédia sa suite, ne gardant avec elle que son vieil écuyer; et, répondant par une inclination de tête au profond salut des nouveaux arrivés, elle leur dit avec l'accent tudesque que vingt-cinq années de séjour en France n'avaient pu lui faire perdre :

— Suivez-moi.

Et elle se dirigea vers le pavillon du Soleil d'un pas délibéré.

Charlotte-Elisabeth de Bavière, princesse palatine, duchesse d'Orléans, s'est dépeinte elle-même dans ses Mémoires, et les témoignages contemporains ne contredisent pas le sien. Elle était laide en perfection. C'est un malheur dont jamais femme n'a pris son parti, à moins d'être une sainte, et encore est-il juste de noter que le cas ne s'est, je crois, jamais présenté. J'ai cherché en vain une sainte laide dans le Martyrologe et le Bréviaire. Toutes les saintes ont été plus ou moins belles, et saint François de Sales en donne une des raisons en disant : « Dieu et la vertu ne peuvent être dans une âme sans que le corps et le visage n'en ressentent quelque douceur. » Quant à madame la duchesse d'Orléans, elle était si laide qu'elle faisait peur aux petits enfants, et l'éclat de son rang et les flatteries des courtisans ne cachèrent pas à son esprit droit et judicieux les disgrâces de sa personne.

En Allemagne, dans sa famille, elle avait été aimée. En France, lorsqu'elle vint prendre la place de cette Henriette d'Angleterre, si charmante, si regrettée, et dont l'esprit et les grâces exquises devaient faire ressortir encore ce qui manquait à la princesse palatine, Madame ne rencontra que froideur et répulsion, mal déguisées sous le respect et les compliments obligés. La fausseté, la corruption, la frivolité des courtisans la révoltèrent. Elle ne trouva d'amitié et d'égards véritables qu'auprès du roi, son beau-frère, et, s'attachant profondément à lui, fut jalouse de tous ceux qui l'approchaient, surtout de madame de Maintenon. Fière, hon-

nête et farouche, froissée dans son amour
maternel par la précoce perversité de son
fils, et n'ayant nulle estime pour son mari,
Madame enveloppa d'un même mépris toute
la cour, toute la France, et regretta toute
sa vie sa chère Allemagne et ce Palatinat
deux fois livré aux flammes par les armées
de Louis XIV. Se rendant bien compte
qu'elle ne serait jamais aimée à la cour de
France, elle voulut du moins n'être pas
moquée, et, usant de l'appui du roi et des
priviléges de son rang, elle se fit craindre de
tous, et de son mari tout le premier.

Rigaud n'avait jamais vu Madame. La
beauté du lieu où lui apparaissait ce type
de laideur achevée n'était pas pour atténuer
l'impression qu'il ressentit, et la princesse
la devina aisément. Elle entra dans le château, et, traversant un grand vestibule rempli de serviteurs qui se rangèrent en s'inclinant sur son passage, elle entra dans un
petit salon où deux tapissiers étaient occupés
à poser les tentures d'été, leur commanda

de s'en aller, et congédia M. de Marnes et l'écuyer, qui allèrent s'asseoir dans le vestibule.

Restée seule avec Rigaud, la princesse lui indiqua un panneau de boiserie richement encadré et placé au-dessus d'une cheminée, en face de laquelle était un grand miroir.

— Voici le panneau que vous aurez à décorer d'une peinture, monsieur, lui dit-elle; il faut qu'elle soit terminée à l'automne. Considérez bien l'emplacement pour donner à la figure que vous peindrez les dimensions convenables. On vous remettra le dessin du panneau. Avez-vous bien vu?

— Oui, madame, dit Rigaud; quel est le sujet que je dois représenter?

— C'est un portrait. Le Brun m'a dit que vous y excelliez. Quelle toile avez-vous là?

— C'est le portrait de ma mère, dit Rigaud en le découvrant et le posant sur la cheminée.

Madame se recula de quelques pas et l'examina un instant.

— C'est frappant de vérité, dit-elle, ce doit être ressemblant. Aimez-vous faire des portraits de femme?

— Non, madame, dit Rigaud.

— Pourquoi cela?

— Parce que les dames veulent être embellies et ne tiennent pas à être ressemblantes, pourvu qu'on les fasse jolies; et je ne sais mentir ni avec la langue, ni avec le pinceau.

— Vous n'êtes point fait pour la cour, alors, dit Madame, et vous ne peindrez guère que des hommes d'esprit.

—Je n'aspire pas à autre chose, madame. Est-ce un portrait du roi que Votre Altesse désire?

— Ce n'est point mon goût qui a été consulté, dit la duchesse. Le roi veut mettre là le portrait d'une princesse qui n'est ni jeune ni belle. Vous serez à plaindre, monsieur, d'avoir un tel modèle.

—Non, madame, dit Rigaud; pourvu que cette princesse ait assez d'esprit pour ne point vouloir être peinte en joli masque, je la ferai ressemblante et je n'en ferai pas moins une belle peinture.

— Je comprends, dit la princesse, je comprends :

Il n'est point de serpent ni de monstre odieux
Qui par l'art imité ne puisse plaire aux yeux.

— Ce n'est pas ainsi que je l'entends, madame, dit Rigaud; une princesse qui ne se fait pas d'illusion sur son manque de beauté est, par cela même, une femme d'un esprit supérieur, et tout visage où rayonne l'intelligence a ses heures de beauté. C'est une de ces heures-là qu'il faut choisir, sans avoir recours aux vulgaires artifices. Quand l'âme resplendit dans le regard et le sourire, le visage le plus irrégulier du monde est agréable à regarder.

— Devinez qui vous peindrez là? demanda Madame après un instant de silence.

— C'est vous, madame, et je vois trèsbien comment je vous éclairerai. Veuillez vous tourner un peu. C'est cela. Je suis sûr de réussir. Quand commencerons-nous?

— Jeudi matin, à Saint-Cloud, dit la princesse. Je vous enverrai chercher chez vous. M'aviez-vous déjà vue?

— Non, madame.

— Me croyiez-vous aussi laide que je le suis?

— Oh! oui, dit naïvement Rigaud, mais je ne vous croyais pas si franche et si bonne.

— Je ne suis pas bonne, dit la duchesse, mais j'aime les gens qui parlent selon leur pensée, et j'ai rarement l'occasion d'en voir. Convenons d'une chose, Rigaud, vous me direz toujours la vérité. Nos séances alors seront pour moi des heures de repos, et je vous revaudrai cela, foi de princesse. Allez : j'ai donné ordre qu'on vous serve à dîner. M. de Marnes vous montrera les jardins, si cela vous divertit, et vous fera ramener chez vous. A jeudi.

Et, traversant le vestibule, la princesse s'achemina vers son appartement.

III

LES CRITIQUES.

Vers la fin de septembre, Rigaud ayant terminé les portraits de M. et de madame de Faverny, se rendit chez eux un matin pour surveiller les ouvriers qui devaient fixer les cadres ovales dans les panneaux ajourés des portes latérales de l'alcôve de madame de Faverny. Ces deux portraits, peints au pastel, étaient également ressemblants, mais n'étaient pas appréciés de même. Il n'y avait qu'une voix sur celui de M. de Faverny ; on le trouvait admirable, mais toutes les dames qui avaient vu celui de la jeune femme critiquaient, les unes le front, les autres la bouche, la robe, les mains, les yeux, enfin tout, si bien que madame de Faverny n'osait plus dire qu'elle en était contente, et que son mari lui-même finissait par le croire fort médiocre. Ennuyé de cela, Rigaud en avait parlé à la duchesse d'Orléans, et cette princesse lui dit :

— J'irai voir ce portrait demain, et je mettrai ces péronnelles à la raison.

Rigaud avait prévenu madame de Faverny de la visite que voulait lui faire incognito madame la duchesse d'Orléans, et on s'était hâté de disposer l'appartement. Mais au moment où l'on venait de placer les deux portraits, Rigaud s'aperçut qu'en encadrant celui de la jeune femme on avait effacé une partie de la jupe de satin à fleurs. Il fit enlever le tableau, ne laissant placé que le cadre et la glace, et, posant le châssis sur un fauteuil, se hâta de réparer l'accident avec quelques touches de pastel. Ennuyé de voir les ouvriers béer près de lui, il les renvoya, disant qu'il saurait bien rajuster sa peinture dans le cadre.

Il était donc à genoux devant son tableau, travaillant avec application, et M. et madame de Faverny le regardaient, pensant qu'ils seraient avertis de l'arrivée de la princesse par le bruit de son carrosse, lorsque Madame, ayant laissé sa voiture au palais du

Luxembourg, s'avisa d'arriver à pied, à la main de son écuyer, un loup sur le visage et vêtue fort simplement. Elle monta l'escalier, trouva ouverte la porte de l'antichambre que les ouvriers avaient négligé de clore, et, défendant aux laquais de l'annoncer, entra sans façon, et surprit le peintre et ses clients. Coupant court aux révérences et aux compliments, elle s'écria :

— Point d'Altesse, je vous prie. Je suis une bourgeoise de Saint-Cloud, une pratique de M. Rigaud, rien de plus. Voyons ces portraits ! Monsieur, vous êtes bien, très-bien, mais madame de Faverny est encore mieux peinte que vous. Ce portrait et son miroir, c'est tout un. Quels sont les sots qui osent critiquer un tel chef-d'œuvre ?

— Quelques dames, amies de ma femme, dit M. de Faverny, trouvent que.....

— Quelques dames ? Alors les sots sont des sottes. Jalousie, monsieur, pure jalousie, pas autre chose. Voulez-vous en faire l'épreuve ? Faites mettre madame de Faverny elle-même là-haut, dans ce cadre, et montrez-la à ses bonnes amies. Elles ne la trouveront pas ressemblante.

Toute la compagnie éclata de rire, mais Madame assura que ce n'était pas une folie, et dit :

— Essayons. Voyons, jeune dame, vous êtes leste. Je vois une échelle double dans cette alcôve. Montez-y, placez-vous bien, fermons la porte, baissons les rideaux, et vous verrez.

Madame de Faverny, riant de tout son cœur, obéit à la princesse, et bientôt sa gracieuse personne apparut derrière la glace encadrée, se détachant sur le fond sombre de l'alcôve.

— C'est charmant, c'est parfait ! dit Madame, mais sur qui ferons-nous l'épreuve ?

— S'il plaît à Madame, dit M. de Faverny, je vais envoyer chercher nos voisines du premier étage, mesdames de Valblanc.

— Faites vite, dit la princesse. Cachez le tableau, Rigaud, et cachons-nous.

Ainsi fut fait. La duchesse d'Orléans se mit derrière un paravent avec Rigaud et l'écuyer, et M. de Faverny, allant au devant des visiteuses, leur dit avec force politesses :

— Mesdames, je suis confus, j'ai mille excuses à vous demander de l'indiscrétion que je commets en vous dérangeant si matin, mais on vient de mettre en place le portrait de madame de Faverny. Je ne sais vraiment s'il peut être accepté. Daignez me donner votre avis, à quoi je tiens essentiellement.

Les trois dames, mère et vieilles filles assez jaunes, que les bonnes langues du quartier avaient surnommées les trois Parques, regardèrent à peine le prétendu portrait, mais répétèrent en chœur la même antienne : « C'est faux, c'est maniéré, c'est froid, c'est trop bleu, c'est trop noir, ce n'est pas ressemblant du tout, mais du tout. Il faut faire retoucher et même recommencer cela, monsieur. Quant à votre portrait, monsieur, il est vivant, c'est un chef-d'œuvre. On dirait qu'il va parler. »

— Grand merci, mesdames, dit M. de Faverny en les reconduisant ; fort de votre avis, je ferai entendre raison à ce peintre.

— Ah ! il n'atteindra jamais Mignard, le divin Mignard, dit madame de Valblanc ; mais il vous a réussi, on ne peut en disconvenir. Adieu, monsieur, mille compliments, je vous prie, à madame de Faverny.

Et les trois Parques s'en allèrent, enchantées d'avoir montré leur compétence. Il était temps qu'elles partissent. Madame de Faverny sur son échelle, et la princesse derrière son paravent, se mouraient de rire, et M. de Faverny avait eu toutes les peines du monde à ne pas éclater. Rigaud triomphait, et ne savait assez remercier la princesse.

Ravie de l'aventure, Madame alla sur-le-champ la raconter au Luxembourg à mademoiselle de Montpensier ; elle l'écrivit le jour même à l'Electrice de Hanovre, et en divertit Louis XIV à son souper.

Bientôt le grand roi, ayant vu le portrait de Madame, l'admira fort, et voulut lui-même être peint par Rigaud. Le duc d'Orléans, le prince de Conti, Bossuet, madame de Maintenon, tous les grands personnages de la cour suivirent l'exemple du monarque, et, reçu à l'Académie et anobli par sa ville natale, Rigaud en très-peu d'années vit son talent apprécié comme il méritait de l'être. Les honneurs et les succès ne le rendirent pas ingrat. Quelque occupé qu'il fût, jamais il ne laissait s'écouler plus de trois mois sans aller présenter ses respects à la duchesse d'Orléans. Quant à M. et madame de Faverny, il était devenu leur ami, et passait toutes ses soirées du dimanche chez eux, fort recherché par la bonne compagnie qu'ils recevaient.

IV

INVRAISEMBLABLE ET VRAI.

Madame se promenait un jour à pied, comme d'habitude, dans l'allée du bord de l'eau à Saint-Cloud. Elle aperçut Rigaud qui descendait d'un carrosse de louage près de la grille du côté de Sèvres, et lui envoya dire qu'elle le recevrait tout en se promenant, et qu'il ne prît pas la peine d'aller au château. Rigaud rejoignit la princesse, et, comme elle était de bonne humeur ce jour-là, elle l'emmena voir la grande cascade où l'on préparait l'illumination pour la fête de saint Philippe, patron du duc d'Orléans, et, se débarrassant de sa suite, se mit à questionner le peintre sur ses propres affaires. Rigaud, ayant répondu d'une manière satisfaisante à ses questions, la princesse ajouta :

— Je vois que vous êtes déjà riche, célèbre, comblé d'honneurs. Je sais mieux que personne que vous en êtes digne, et j'ai résolu de vous bien marier.

— Madame me comble, dit Rigaud, et je ne saurais lui être trop reconnaissant; mais je ne veux point me marier.

— Pourquoi cela ? dit la princesse : je sais que vous vivez d'une façon exemplaire. Vous êtes de ceux qui doivent faire souche d'honnêtes gens.

— Madame, dit Rigaud, je ne me marierai point, et à vous, si parfaitement bonne
pour moi, et qui, j'ose le dire, ne jugez pas
les choses selon les maximes du monde, à
vous je puis avouer pourquoi j'ai pris cette
résolution. La seule femme que j'aie jamais
aimée, et que j'aimerai jusqu'au dernier
jour de ma vie, ne peut être mienne.

— Est-elle donc d'une condition supé-
rieure à la vôtre?

— Oui, madame, et, d'ailleurs, elle est
mariée.

— Fi! s'écria la princesse; fi! monsieur,
vous aimez une femme mariée! vous que je
croyais si honnête homme! et cette belle,
sans doute, partage votre passion?

— Elle ne s'en doute et ne s'en doutera
jamais, madame. Je mourrais plutôt que de
dire un mot qui pût troubler la paix de son
âme. Celle que j'aime est jeune, belle, et l'hon-
nêteté même. Si un jour elle devient libre,
elle saura combien je l'ai aimée : — jamais
avant. — Je l'aime comme on doit aimer.

— Je sais comme on aime en Allemagne, dit la princesse, mais en France on n'aime que soi-même, on ne recherche que les satisfactions matérielles, on fait litière de l'honneur, du dévouement, de tout respect et de toute discrétion, et votre duc de la Rochefoucauld qui a écrit : « *Il en est du véritable amour comme de l'apparition des esprits, tout le monde en parle, peu de gens en ont vu;* » — votre duc de la Rochefoucauld eût été plus vrai s'il eût osé dire : *personne n'en a vu.*

— Si mon cœur était de cristal, madame, dit Rigaud, vous en verriez.

— Il est vrai, dit la princesse, que je vous ai toujours considéré comme un homme unique. Mais cette belle passion s'éteindra. Faute d'aliment il n'est point feu qui dure. Vous oublierez, et je vous marierai, je l'ai mis dans ma tête, et vous savez combien elle est carrée.

Un bruit d'éclats de rire et les pas de plusieurs personnes qui s'approchaient interrompirent la conversation.

— C'est Monsieur qui vient par ici, avec sa troupe de fous et de folles. Laissons le champ libre à leurs ébats. Venez dans mon cabinet, Rigaud. Je veux vous consulter. Il est arrivé un accident à un de mes tableaux favoris.

Rigaud vit alors pour la première fois ce sanctuaire où la princesse s'enfermait pendant les plus belles heures de la journée, préférant la solitude et le plaisir d'écrire à ses amis d'Allemagne, aux fêtes continuelles dont Saint-Cloud, ce palais des délices, comme l'appelle Saint-Simon, était alors le théâtre. Ce cabinet était orné de plusieurs portraits des ancêtres de la princesse palatine, et leurs figures tudesques, leurs armures et leur air martial faisaient ressortir l'élégance et l'expression mélancolique d'un portrait de femme signé de Luca Giordano. Rigaud ne put s'empêcher de l'admirer et de demander à Madame quelle était cette personne.

— C'était ma belle-fille, la reine d'Espagne, dit la princesse : elle ne m'aimait guère, et pourtant personne ne l'a plus pleurée que moi. Monsieur avait fait cacher ce portrait, disant que sa vue l'attristait. Je l'ai pris ici. Le trouvez-vous bien peint?

— Oh oui! dit Rigaud, et les accessoires, qui sont là, voilés dans l'ombre, sont bien touchants. Voyez, madame, sur un coussin de velours noir reposent la couronne et le sceptre d'Espagne, à côté d'un crucifix. Et la princesse tient à la main un lis à demi brisé.

— Marie-Louise d'Orléans fut elle-même un lis arraché au sol natal, dit la princesse, et sa vie fut courte et amère. C'est le destin des princesses, bien souvent. Mais, Rigaud, regardez donc, qui peut faire fendiller ainsi la peinture que voici?

Et la princesse et le peintre ne songèrent plus qu'au portrait du palatin du Rhin, Karl von Heidelberg, et se séparèrent sans reparler mariage.

Quelques semaines après, la duchesse d'Orléans vit revenir son peintre favori, en grand deuil, et l'air fort triste.

— Hélas ! Rigaud, lui dit-elle, la dame de vos pensées est-elle morte ?

— Non, madame, dit Rigaud, mais j'ai perdu ma mère, ma bonne mère, à qui je devais tout ce que je suis. J'avais huit ans quand mon père mourut, et c'est elle qui la première devina ma vocation, et, à force de travail et de privations, me donna les moyens de la suivre, en m'envoyant étudier à Montpellier. Depuis l'âge de quatorze ans, sauf de rares voyages en mon pays, j'ai vécu loin d'elle, mais son souvenir, ses conseils et ses prières m'ont fait marcher droit, et jamais mère ne fut plus digne des regrets de son fils.

— Je prends grande part à votre chagrin, mon pauvre ami, dit la princesse attendrie. Heureuse la mère à qui son fils peut rendre un semblable témoignage ! — Mais enfin votre mère était d'âge à vous précéder en paradis. Il ne faut point vous laisser aller au chagrin. Voyons, ne songerez-vous pas à remplacer cette affection par une nouvelle ? ne voulez-vous point vous marier, avoir des enfants qui diront un jour de vous ce que vous dites de votre chère mère ?

— Rien n'est changé dans mes résolutions, madame, dit Rigaud ; je vais m'éloigner de Paris et passer quelques jours à l'abbaye de la Trappe. M. le duc de Saint-Simon veut que j'essaie de faire un portrait du révérend abbé. Je ne sais si j'en viendrai à bout, car M. de Rancé ne veut point poser ; mais, en tout cas, je ferai là-bas une retraite, et je n'ai point voulu partir sans prendre congé de Madame.

— Ah çà ! s'écria la princesse, n'allez point vous faire trappiste, au moins !

— Je ne me sens nul goût pour l'état religieux, madame, dit Rigaud, je ne désire que quelques jours de calme et de silence.

La princesse réfléchit un instant, puis, fixant sur le visage du peintre ses yeux perçants, elle lui dit :

— Avez-vous parlé de votre départ à madame de Faverny ?

— Je suis allé chez elle dans cette intention, madame, dit Rigaud, mais elle ne m'a point reçu. M. de Faverny était couché, et avait fait fermer sa porte. Je n'ai jamais vu madame de Faverny qu'en présence de son mari.

— Jamais? fit la duchesse d'un air de doute : jamais, monsieur, est-ce bien vrai?

— Parfaitement vrai, dit le peintre.

— Ce n'est donc pas elle que vous aimez, alors ! hé bien, je croyais pourtant avoir deviné.

— Votre Altesse ne s'est pas trompée, dit Rigaud ; c'est bien elle que j'aime, mais ce que j'aime plus que sa beauté, plus que ma vie, plus que la sienne, madame, Dieu le sait, c'est son honneur !

— J'ai vu l'apparition des esprits, dit la princesse : je ne dirai plus que la Rochefoucauld s'est trompé. — Adieu, Rigaud, je vous admire. Priez pour moi à la Trappe, et ne vous faites pas moine, mon ami, croyez-moi !

Ce voyage à la Trappe de Mortagne fut pour Rigaud l'occasion de produire un de ses

plus admirables chefs-d'œuvre, le portrait
de l'abbé de Rancé, fait à l'insu du modèle,
et le duc de Saint-Simon raconte toutes les
ruses qu'il employa pour obtenir que M. de
Rancé consentît à recevoir à l'infirmerie,
dont il ne bougeait plus, les longues et muet-
tes visites de « cet officier curieux, » qui le
regardait si attentivement, tandis que
M. de Saint-Simon lui contait mille his-
toires pour l'amuser.

Rentré dans l'appartement des hôtes
après une de ces longues conversations, Rigaud esquissait de souvenir les traits du célèbre religieux, lorsqu'un frère convers lui
apporta une lettre scellée des armes de la
duchesse d'Orléans.

— Le courrier qui a apporté cette lettre
en attend la réponse, monsieur, dit-il; il est
venu à franc étrier.

Rigaud décacheta la lettre et n'en put
lire qu'un seul mot, « *Faverny;* » tout le
reste, rempli d'allemand, d'une orthogra-
phe inouïe et d'une écriture baroque, était

incompréhensible. Rigaud porta la lettre au duc de Saint-Simon.

— Que faire? lui dit-il : on attend la réponse, et je ne puis lire un traître mot de cette lettre.

— Ni moi non plus, dit Saint-Simon, si ce n'est la signature, que je reconnais. C'est une lettre de Madame. Voilà ce qu'il faut faire : il y a ici un religieux de Strasbourg, savant antiquaire qui déchiffre tous les parchemins et papyrus du monde. Priez-le de vous lire ce grimoire et d'en faire une copie, sa règle l'obligeant au silence.

Le bon père Othon Bischwiller traduisit et transcrivit en belle écriture la missive de la princesse et l'envoya au bout d'une heure à Rigaud. Elle était ainsi conçue :

« Je vous disais bien, monsieur, que vous auriez grand tort de vous faire trappiste. M. de Faverny vient de mourir d'un accès de goutte et de plusieurs médecins. Sa bonne femme l'a soigné avec toute l'affection possible. Il n'avait point fait de testament, et, n'ayant point d'enfant; et les neveux de son mari étant gens assez rapaces, elle reste avec la petite dot que le Roi lui donna lorsqu'elle sortit de Saint-Cyr. Je sais que sa pauvreté vous sera un motif de plus pour rechercher sa main. Vous êtes si au rebours des autres ! — Enfin, la voilà veuve, et elle s'est retirée au couvent des Filles-Bleues. Je l'y ai vue, je l'ai langueyée comme il faut, et j'ai mené rondement vos affaires. Elle vous estime fort, elle ne se douterait de rien, si je n'avais parlé. C'est une personne unique en son genre, comme vous. Venez me voir à Saint-Cloud, sitôt votre retour de la Trappe. Si, une fois son deuil fini, la belle Faverny ne devient pas madame Rigaud, ce sera votre faute. J'obtiendrai du roi qu'il ratifie vos lettres de noblesse, et le gracieux visage que vous verrez en votre logis vous dédommagera d'une longue attente, d'un amour comme on n'en voit guère, et du mal que vous eûtes à faire un beau portrait d'après la plus

laïde princesse du monde. Et sur ce, priant
Dieu qu'il vous ait en sa sainte et digne
garde, je demeure votre affectionnée

« CHARLOTTE-ELISABETH. »

On devine la réponse du peintre. Il se
maria l'année suivante et vécut dans l'union
la plus parfaite avec sa femme.

Rigaud, que l'on a surnommé le Van Dyck
français, peignit cinq rois, un nombre con-
sidérable de personnages illustres, et légua
à l'Académie, dont il était directeur, le beau
portrait de sa mère, qui est encore au musée
du Louvre.

Sa femme mourut en 1743. Rigaud l'a-
vait soignée avec le plus grand dévouement.
Obligé, quelques mois après sa mort, d'entrer dans la chambre où il l'avait vue expi-
rer, il s'écria : Ah! je vais bientôt vous
suivre! La fièvre le prit et l'enleva en
quelques heures. Il avait quatre-vingts ans.

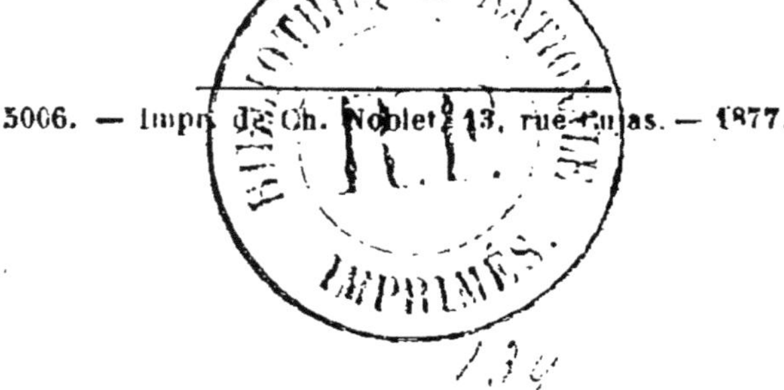

5006. — Impr. de Ch. Noblet, 13, rue Cujas. — 1877.